JN438737

이 놈 아

인봉 조남선 시집

도서출판 도반

조남선

경기 남양주 출생.

『국제문예』 시부문 신인상 등단, (사)한국문협 청소년진흥위원회위원, 서울시지회이사, 제6회 불교문학대상 수상, 국제문인협회 회장 역임.

저서: 『군두쇠』 "우리 꿈을 향한 불꽃", "문학에스프리-토씨" 공저 외 다수 발표,

강서문인협회 회장, 불교문학 회장,

(현)계간 『국제문단』 발행인 및 편집인.

저작권협회 회원.

차례

가을 어머니 6/ 아름다운 나목(裸木) 7/ 진여법문(眞如法門) 이로세! 8/ 다리 위에서 10/ 짐 내려놓으면! 12/ 쇠똥 밭에 꽃이 피고 나비가 나네 14/ 경칩에 깨구리 왈(曰)! 17/ 봄은 풀끝에 와 있는데! 20/ 쇳소릴 들으셨나요 22/ 이눔아! 24/ 동산東山이 해를 깨우니! 33/ 산사山寺의 풍경 소리 34/ 견성암見聖庵 가는 길 36/ 세월이 말하기를! 38/ 먼 훗날 39/ 가는 사랑 잡으려도 40/ 차향茶香 맡는 여인女人 42/ 소리, 향香, 차茶 법회 44/

귀한 사람 갔는디 46/ 삭정이에 꽃망울 48/ 행복한 만남 50/ 너, 가진 것! 52/ 북한산 오르며 53/ 그걸 보고 알아야지 54/ 봄날의 환희 56/ 어느 날 57/ 할아버지가 되던 날 58/ 몸뚱이 붙어 있는 귀신일 때 60/ 세 알씩만 심거라 62/ 상춘賞春 64/ 설운 게 이별이 아닙니다 66/ 여보게! 67/ 목멱산(木覓山)에 해 오르니 68/ 눈 덮인 산 69/ 그날 70/ 개화사(開華寺) 72/ 손녀의 주장자 74/ 開華寺 예참(禮懺) 76/ 청솔! 78/

가을 어머니

마당 전 뒷동산에
이불 홑청 펼쳐놓고
토닥토닥 부지깽이
깨 털이 하는 소리

덜 영근 깻단은 하나 둘 석 단
엇걸어 밤이슬 다시 맞히네
가을 낮 따가운 햇볕은
수줍은 속내를 보이라며

자꾸만 짓궂게 보채대면
하얀 속 살며시 내보이네
해질녘 토닥토닥 깨 터는 소리
그렇게 가을을 거두시던 어머니!
어머니 당신이 그립습니다.

아름다운 나목(裸木)

애지중지 나의 분신 푸른 잎
비바람 땡볕에도 능(能)히 버티더니
어느 날 모르게 푸르던 잎 풀기를 잃고
웬일일까 안색이 썩 좋지 않더니만

갈 때를 알았는가, 대견하기도 하구나
부는 바람에 살며시 이별을 고하네
뉘의 탓이라며 투정 한 번 하지 않고
비명도 한 번 없이 허공(虛空)을 낙하하네

금지옥엽 나의 분신 단풍 잎
모두들 떠나가고 혼자서 비를 맞고 있네
감추는 것 하나 없이 홀딱 다 보여주니
촉촉이 젖은 나목(裸木)은 볼수록 아름답구나.

진여법문(眞如法門)이로세!

天地가 맞닿은 것처럼 보이는
그곳에도 사람이 살고 있었네
역시 흙을 파서 땅을 일구고
나무를 베어 연기를 내니
사람 사는 모습, 그 무엇이 다르랴

닭이 울고 다람쥐가 한가로우니 어울려
그 속에 무엇이 급하고 쫓길 것인가
하늘이 가까우니 구름은 손에 잡힐 듯
두둥실 해와 달님 벗을 삼아
유유자적하더이다.

만리에서 소식을 전해오니
그 소식이 무슨 소식인가
잠을 깨어 돌아누우니 이미 천지에 들어있네
더하여 얻을 것이 무엇인가
淸風明月에 새소리 물소리
읊조리는 대로 진여법문이로세.

다리 위에서

다리 위에서 서성거린다.
어디로 가야 하나.
해는 서산에 떨어지고
길게 드리워진 세월 자락에
짊어진 인생 보따리를 내동댕이쳐 놓고
웃음 반 한숨 반,
어느 때는 흥타령을 대신하며
여전히 다리 위에서 이정표를 찾는다.

비구름 바뀌고 눈바람이 거셀 적에도
다리 위엔 언제나 건너가는 풍경일 뿐
다리 위에선 언제나 喜悲가 엇갈리지만
아무도 이 다리를 탓하고 나무라지 않는다
저물어 가는 人生을 아쉬워할 뿐!

어제와 내일을 잇는 '오늘'이란 다리 위에서
나는 무엇이며 과연,
당신의 모습은 어떠한가?
오고 가는 길, 모를 뿐 모두들 다리를 건넌다
日月 光風이 먹구름을 희롱해 대지를 적시네
'오늘'이란 다리 위에서 太陽을 바라보네.

짐 내려놓으면!

짐을 내려놓으면 편안할 것을
짐이라, 그것이 무엇인가?
과욕이 그것이요
미움과 시기가 그것이요
지각없는 무명이 그것이라

도(道) 한다고 길바닥에
가부좌를 틀고 앉아본들
근본 바탕이 헐레벌떡이라
삼천 겁(三千劫)이 지나간들
무슨 영험이 있으랴.

찰나에 번쩍 뜨면
심 봉사가 천지를 얻은 양일세
오고 가고 앉고 서고

자고 깨고 먹고 싸고
보고 듣고 잠을 자니

석가인들 예수인들
그리 않고 별 수가 있더이까
눈깔을 내리깔고 무얼 찾아
半 봉사(장님) 짓거린가?
에구, 야 망측해라.
덕돌이여, 마당쇠여
발밑에 낭떠러지
헛발이나 조심하소
바른 씨앗 심보에 뿌려두면
길바닥 신세는 면하리오.

쇠똥 밭에 꽃이 피고 나비가 나네

먼 산에 연기가 치솟으니 산불이 났음이요
울타리 너머에 쇠뿔이 보이니 황소가 있음이라
들쥐가 산을 치달으니 해일(海溢)을 두려워함
이런가.

죽은 듯 천년 고목에서 새순이 나오거늘
사람아, 죽는다고 죽었다고 말하지 마라
네가 한 짓이 무엇인고?

논밭에 뿌린 종자(種子)만이 새 생명이 아니더라
네가 모르고 또한 몰래 한 짓이 내일이면 땅속
에서
움이 나오듯이 솟아 나오나니
그것이 어디 이름 지어져 있지가 않더이다

남쪽에서 부는 소식 남풍이라
천둥 번개 먹구름에 가던 길을 재촉 아니하니
미련한 멍텅구리야, 눈꺼풀을 들지 못하고
백년 가죽이 스러질 날 너의 고향은 어디인고?

지옥도 극락도 예약이 만원(滿員)이라
웃돈 주고, 용을 써도 하도 처먹어
비만증을 왼눈 한 번 거들떠보지도 않는다네
천방지방 헤매다가 魂飛魄散하여 떨어지니
그곳이 어디인고?

인과(因果)를 무시하고 탐욕만 부리더니 사람아,
쇠똥 밭에서 꽃이 피고 나비가 나는 것을 이제야 알겠는가?
서녘 하늘 달그림자가 수양버들 가지에 걸려 연못 속에 빠졌구나
쇠똥 밭에서도 꽃이 피고 나비가 나네!!

경칩에 깨구리 왈(曰)!

요, 잡것이 언감생심 내 집을 범해
내 선조님들도 이 위에 계시는디
아들놈도 아닌 것이 울타리를 친다구?

어찌하여 인기척도 없이 고로콤시리
무례허냐 내 말은 고런 말이랑께
죽은 시늉 허면 내 모를 줄 아는감?

한때는 나도 너네 마당 전에서
발끝에 채이면서도 모른 척 했지만
네 눔 신세가 별 수도 없습시롱?

기왕에 찾아왔승게 달게 자거래이
그래도 내는 서너 달을 죽은 시늉 끄테
길게 하품 한 번이면 일어나는디!

아, 우찌 된 거냐 말이다 들어오더니 영영
내 집에 오더니 쪽도 못 씀시롱
어이구 네 눔들이 별 수가 있간?

가엽슨 것들 인간아 사람아
그래도 내 집에 어렵게 오신 客들이니
돌장승 말문 터질 때까정 편안히 모시리다

까불지덜 마시라 고런 말잉게로
알아서 덜 혀, 내느 귀띔을 했승게
쌈박질허던 눔들 後事를 생각혀란 말여

쉬운 말씀마저 흘려들으면 낭중엔
크게 대들보가 무너지나니라
눈 밝은 者는 금방 옷깃을 여미지만

아둔한 者여, 깨구리 하품허는 경칩에
깨구리 말씀을 경청들 허란 말씸일세
이눔들, 천방지방 어디로 가는겨?

봄은 풀끝에 와 있는데!

푸드득 꿩 한 마리 이내 날아가고
모처럼 따스한 볕을 따라 퇴묏 골에 올라보니
어느새 아지랑이 저 멀리서 손짓을 하네
아물아물 가물가물 보이는 듯 안 잡히고
봄을 캐는지 나물을 캐는지
아낙들의 손놀림이 재기도 하여라

그때는 괜시리 휘파람 불었었지
서로가 도도해서 마주침마저 없었건만
길모퉁이 지나면서 아쉬움에 인기척하고
오늘처럼 청명한 날 버들피리 불었었지
종다래끼 허리에 차고 호미 자루면 됻하던
퇴묏 골에 여전히 봄은 왔는데...

내곡리 영지동 도련님은 매정도 하여라
우물 아래 빨래터엔 일없이 갔었던가
손끝을 호호 불면서 반나절을 보냈었지
맹추야, 이제야 왜 그런 말을 하는 거냐
풀끝에 봄이 왔으니 얼음장 녹아내리듯
가슴의 응어리도 흘러 함께 출렁이누나.

쇳소릴 들으셨나요

그윽이 먼 옛적에
성당과 교회의 종소리를 들으셨나요
범종과 풍경의 쇳소리를 들으셨나요

낭랑한 쇳소리에 손 모아 기도하고
행복으로 알아질 때
덩실덩실 춤을 추었지요

가던 길 갈 뿐인데
쇳소리 구성짐은 어인 길손의 넋두리인가?

누구라 막을 손가 그 길을
쇳소리 들을 적에 쫑긋 한 번 귀를 세울 뿐!

묻지 마시게 내 가는 길
그대도 나를 따르시게
흔쾌히 쇳소릴 들으시게.

이눔아!

그 육시랄 눔이 언제 靈芝洞(영지동) 논 방죽에 쪼그려 앉아 꼴 한 짐을 베어보길 한 눔이더냐?

네 눔이,

우물이 있으니 우물을 한 번 쳐보길 한 눔이길 한가?

벼 타작을 하니 볏섬 한 번 둘러메 힘자랑을 한 번 해보길 한 눔이길 한가?

농번기에 쟁기질 써래 질을 한 번 해보길 한 눔이길 한가?

가래질 할 적에 가래 장 추에 턱주가리를 맞아 그 맛을 알기나 한 눔이길 한가?

육칠월 땡볕에 앉아서 조밭을 한 번 매보길 한 눔이길 한가?

그럼,

소나기 맞으며 콩밭을 한 번 매보길 한 눔이길 한가?
가뭄에 나가 용두레질을 한 번 해보길 한 눔이길 한가?
삼복더위에 땔 짐을 한 번 져보길 한 눔이길 한가?
똥지게를 지고 나가떨어져 보길 한 번 해보길 한 눔이길 한가?
동지섣달 삭풍 부는 야학 방에 군불을 한 번 지펴보길 한 눔이길 한가?

이눔아,
네 눔이, 마당질을 하니 맞도리깨질을 한 번 해보길 한 눔이길 한가?
지붕 위에 박을 한 번 타보길 한 눔이길 한가?
외양간에 두엄을 한 번 쳐보길 한 눔이길 한가?

새끼줄을 꼬아서 가랫줄을 만들어 본 일이 있기를 한 눔이길 한가?
천둥 번개에 비를 맞고 꼴짐의 멜빵끈이 끊어진 채
소를 한 번 몰아본 일이 있기를 한 눔이길 한가?

이눔아,
네 눔이, 아래웃집 마당을 쓸다가 동전닢이라도 한 번 주워본 일이 있기를 한 눔이길 한가?
도랑 치고 가재를 한 번 잡아보길 한 눔이길 한가?
느티나무 아래 밤새워 소쩍새 울음 들으며 물꼬에 물줄기를 잡아본 일이 있기를 한 눔인가?
장마통에 발통으로 고기를 한 번 잡아보기를 한 눔이길 한가?
섶돌 치고 송사리에 새우 범벅 미꾸라지를 한 번 잡아보길 한 눔이길 한가?

횃불 들고 왕숙천에서 밤고기를 한 번 잡아보기를 한 놈이길 한가?

이놈아,
네 놈이, 수수 빗자루 싸리 빗자루를 한 번 엮어보기를 한 놈이길 한가?
여물을 써느라고 작두를 한 번 밟아보기를 한 놈이길 한가?
삼태기로 아궁이에 재를 한 번 치워보길 한 놈이길 한가?
마차 바퀴에 타마구 칠을 한 번 발라보길 한 놈이길 한가?
댓돌 밑 강아지가 헛발질하는 걸 한 번 보기를 한 놈이길 한가?

이놈아,
네 놈이 그럼, 지붕 위에 올라가 애호박을 딸까요, 늙은 호박을 딸까요

한 번 물어보길 한 눔이길 한가?
낟가리를 쌓고 미끄럼을 타고 한 번 내려와 보길 한 눔이길 한가?
밤이슬 맞으며 봇도랑에서 게를 한 번 잡아본 추억이 있기를 한 눔이길 한가?
이불 홑청 깔아놓고 깨 털이 하시던 할머니 모습을 한 번 보기를 한 눔이길 한가?

이눔아,
네 눔이 그럼, 암탉이 수탉을 물어 비트는 꼬락서니를 한 번 글에서라도 읽어본 적이 있기를 한 눔이길 한가?
참새가 쭉정벼를 까먹는 소리를 한 번 들어보기를 한 눔이길 한가?
씨앗 틀로 목화씨를 한 번 빼본 일이 있기를 한 눔이길 한가?
참나무 베어다가 왕겨 불에 숯을 한 번 궈본 일이 있기를 한 눔이길 한가?

쇠죽 끓인 아궁이에 고구마를 한 번 구워본 일
이 있기를 한 눔이길 한가?
한밤중 등잔불 밑에서 신작로를 졸듯이 달리는
트럭 소리를 들어본 일이 있기를 한 눔인가?

이눔아,
네 눔이 아지랑이 들판에서 삘기를 뽑아 씹어
보길 한 번 해본 눔이길 한가?
논 방죽 무너뜨리며 메를 한 번 캐 먹어본 일이
있기를 한 눔이길 한가?
목화밭 길을 거닐다가 다래를 한 번 따먹어본
일이 있기를 한 눔인가?
퇴뫼 산에 기어올라 칡을 한 번 캐보길 한 눔이
길 한가?
황금 벌판을 달리며 메뚜기를 한 번 잡아본 일
이 있기를 한 눔이길 한가?
질겅질겅 옥수숫대 단맛으로 허기를 한 번 메
워보길 한 눔이길 한가?

김장밭을 기웃거리며 무의 미끈한 裸身(나신)을 한 번 느껴보기를 해본 눔이길 한가?

이눔아,
네 눔이 밤하늘 별이 보이는 가설극장에서 영화를 한 번 보기를 해본 눔이길 한가?
눈 쌓인 초가집 추녀를 쑤셔 참새를 한 번 잡아보길 한 눔이길 한가?
뒷동산 조상님 산소에 눈을 한 번 쓸어본 일이 있기를 한 눔이길 한가?
배불리 먹은 소의 되새김질 밤 풍경 소리를 한 번 들어보길 해본 눔이길 한가?
큰물에 나가 보(洑)를 치는 울력에 울력꾼 노릇을 한 번 해보길 한 눔이길 한가?
청량리에서 영지동까지 이슬 맞으며 밤새껏 걸어 첫닭이 우는 소리를 들어본 일이 있기를 한 눔인가?
털털거리는 첫차를 타고 코스모스 싱그러운 길

통학을 해보길 한 눔이길 한가?

이눔아,

네 눔이 아는 건 2원 50전짜리 전차표와 기동차는 잘 알 것이리라.

땔감을 동을 지어 마차를 끌고 문안엘 들어서 본 일이 있기를 한 눔이길 한가?

문밖 청량리엔 “신도극장”이 있었다는 걸 알기나 하는 눔인가?

태평통길 황금정길이 네눔의 혼(魂)길인 것을 알기나 하는 눔이길 한가?

연탄불에 아랫목이 시커멓게 탔던 기억을 하기나 하는 눔이길 한가?

날려버린 종갓집 논바닥 저수지에서 스케이팅을 하며 폼 잡던 기억이 있기나 한 눔이길 한가?

이눔아,

네 눔이 해보고 자랑할 무엇이 있기는 한 눔이기는 하더냐? 말해 보거라. 이눔아.

어째서 새 까먹는 소릴 하는 눔이라고 하는 줄을 알기나 하는 눔이더냐? 이눔아,

어떤 눔을 배냇병신이라고 하는 줄을 알기나 하는 눔이더냐? 이눔아,

어떤 눔을 보고 후레자식이라고 하는 줄을 알기나 하는 눔이더냐? 이눔아.

지눔이 해오고 지금 하는 짓이 무슨 짓인 줄이나 알기나 하는 눔이더냐? 이눔아.

이글거리던 태양이 서산에 걸렸구나, 이제 어디로 가려느냐?

이눔아.

동산東山이 해를 깨우니!

東山이 해를 깨워 일으키니 天地가 광명일세
바람 구름이 조화를 부려 꽃나비가 춤을 추네
두 눈 지긋이 바라보니 그 재미가 한창이라
위에서 아래로 또다시 치솟고 번갈아 나르더니
西山이 해를 삼켜 어둠이 온천지에라.

날짐승 길짐승 숲 속 굴속으로 저마다 집을 찾네
길 떠난 나그네 가는 곳은 어디매인가
단잠 한 번 늘어지게 잤으니, 여보시게!
東山 너머에 꿈꾸는 해를 흔들어 깨우시게
서둘러 일어나면 西山에서 맞이하리

동서로 펼치니 상하 남북이 한 길이네.

산사山寺의 풍경 소리

땡그렁, 땡그렁~
千年의 소리가 걸려있네
산사(山寺)의 추녀 끝
풍경소리 청아해라
벗 하자며 날아드는
산새가 귀엽구나

법당 안과 밖의 일이
다를 리 없건마는
숨소리 가다듬고
그 한 말씀 새기려니
새소리 바람 소리에
귀만 쫑긋하더이다

도인의 가는 길이
따로 이(理) 있던가
가는 길도
오던 길처럼 가는 것을!
조사, 성인 오간 길도
그러그러하여라

꼿꼿하기는
한겨울에 대쪽 같구나
엊저녁 풍경 소리
무엇이 다르던가?
죽는 줄을 알면서도
숟가락을 쳐드네.

견성암見聖庵 가는 길

감은 머리 참빗으로 아주까리 기름 발라
쪽 지어 곱게 빗어 비녀 꽂아 단장하고
동트는 새벽길 논두렁 밭두렁에
밤이슬 잠 깨우니 치맛자락 젖어드네.

"見聖庵 대웅전 부처님 前에 갈 때는
정성스레 가야 한다."시며
供養米 한 말(斗)을 머리에 이시고는
깊고 높아 험한 산길을 쉬지도 않으시고
精誠으로 가시었네.

휘휘 돌아 골짜기 물소리, 목탁 소리 아련할 제
두 손 모아 合掌하며,
나무관세음보살, 나무관세음보살,
나무관세음보살....!!!

치맛자락 붙잡고 말없이 따라하던 어린 나.

치맛자락 바짓가랑이는 어느새 다 마르고
땀으로 등줄기는 흠뻑 젖었었지, 드디어
見聖庵 도량(道場)에 이르러 合掌 三拜를 한
다.

大雄殿 앞 사계절 돌 틈에서 솟아나는 藥水 한
바가지는
俗世의 찌든 때를 말끔히 씻어 내리는 듯
예가 바로 極樂淨土가 아니던가? 나무관세음
보살마하살()

세월이 말하기를!

맑고 고운 가을 하늘
높고 또 높은데
문득 歲月이 말을 하네
날 보고 無心타 하지만
코끝을 스치며 일러주네
더워도 덥다 말고
추워도 춥다 마시게

요사채 툇마루에
잠깐 든 햇살 보며
歲月을 불렀더니
짝지은 짱아 한 쌍이
面鏡처럼 보여주네.
세월은 유심한데
무심한 건 迷或일 뿐!

먼 훗날

산과 강에 초목이 어울리네
벌, 나비, 꽃과 새 더욱 좋아라
가는 길 멀다고 투덜대며 왔건만!
이내 당도하여 코앞이라
고개 들고, 휴~ 한숨 내쉴 때
빨간 단풍 한 닢이 춤을 추네.

높고 낮은 험한 길, 그 좋은 길을
괜시리 나무라며 허둥지둥 했었지
새벽이슬 영롱할 제 노을을 볼 것을!
훗날, 훗날 먼 훗날을 노래했지만
벌, 나비 사라지고 둥지는 비었노라,
오늘이 노래하던 먼 훗날이라네.

가는 사랑 잡으려도

밤은 깊어 적막한데 옛 사람 온다
휘~~ 바람 한 번 스치고 가면
떨구지 못한 거년(去年)의 인연
다시 새싹으로 돋아날 때 너는
목전(目前)에 나타나서 무너져
헝클어진 갈래의 타래들을
주섬주섬 안겨주며 살포시
여린 손길로 어루만져 주었지.

고맙다 말을 할까 망설이다
돌아선 너의 뒷모습은 왜 그리
쓸쓸해 보이는지, 아프다 아파
사랑한다 할 걸, 미안하다 할 걸
저만치 가물가물 눈물에 어려
밤마다 가슴 저며 오는 가는 사랑

어이하여 밤이면 가려는가?

동이 터서 혹시나 내다보면
언제나 반쯤 열린 쪽문으로
까치걸음 디밀고 들어설 듯
흠뻑 젖은 가슴엔 사랑이 잔다.

차향茶香 맡는 여인女人

책상다리 가부좌 틀고
마주 앉은 女人이여,
반쯤 내리깐 까만 눈동자엔
찻잔이 어리네

잔 속에 드리운 눈동자
고운 입술은 더욱 예뻐라
받쳐든 고운 손,
코끝에 살랑살랑 香내 맡으며

음악에 취했나, 차香에 빠졌나
香내음 풍겨온다
고운 손 흔들며
찻잔에 입술을 포갠다

빨간 예쁜 입술은
차만 마시나 말을 할 듯
기다려도 이내
차(茶)香 맡는 女人이여!

소리, 향香, 차茶 법회

음악이 흐르고 침향(沈香)의 향이
인연을 따라 흐르고 흐른다
한 잔, 한 잔이 앞에 놓이면
"모두 합장(合掌)하세요."
주지 스님 일성(一聲)에
대중은 일제히 합장을 한다.

"앞에 놓인 이 차(茶)는
오랜 세월 동안 하늘과 땅, 바람의 기운을 받아
수많은 이들의 노고와 공덕에 의해 우리 앞에 놓이게 된 것입니다.
그 인연 공덕과 모든 이들에게 감사의 뜻을 표하도록 하겠습니다. 감사히 마시겠습니다."
대중 일제히 큰소리로 "감사히 마시겠습니다."

이 소리는 개화산(開花山) 개화사(開華寺)의
[소리 향(香) 차(茶)법회]에서만 들을 수 있는
주지스님과 대중(大衆)의 소리이다
클래식이나 째즈 음악이 흐르고,
침향(沈香)이 인연의 불씨 되어
삼세(三世)의 불연(佛緣)을 맺어주네
차(茶)香에 취하고 침향에 노닐며
음악에 빠져보니 예가 거긴 것을!

귀한 사람 갔는디

깜냥에는 벼슬아치나 했다며
꽤나 모가지를
곧추세우고 살았재이
오늘 같은 그런 날이 있을 줄은
베적삼[1] 입기 전엔
꿈에서도 없었는기라

그 망자 안하무인 경지라
오늘 같은 그런 날[2], 전(前)엔 응어리도
풀고 간다 카던디...
두어 차례 물음을 받고도
공업용 미싱으로
아귀[3]를 박았능기라

"아저씨, 귀한 사람 갔는디
조문(弔問)은 다녀오셨소?"
"어르신은 다녀오셨는가벼?
아 그란디 말씸여,
토깽이 놀다 간 곳에
사자(獅子) 가는 걸 보았소?"

註: 1) 베적삼: 수의(壽衣), 죽은 자를 염습할 때 입히는 옷
2) 오늘 같은 그런 날: 이승을 등지고 떠나는 날, 죽는 날
3) 아귀: 입, 주둥이를 더 천박하게 이르는 말

삭정이에 꽃망울

삭정이 가지가 죽은 듯 보이더니
물오른 뒤, 바람에 흔들리고
어느새 꽃망울이 터졌구나

죽었다 한들 사람아 그것만이 아니더라,
깊은 잠 자고 나면 인연 따라 생기려니
그리 알고 서러워 마라,

죽어서야 새 생명이 탄생하니
나고 죽음이 또한 한통속이 아니더냐
생(生)과 사(死)는 다를 것이 없어라

알아도 그대요, 몰라도 그대이니
그대와 나는 손바닥의 안팎이라
깨달아 쥐고 나면 모두가 분명한 것뿐 .

모두가 분명한 것뿐,
억!

행복한 만남

문학의 꿈을 품고
꽃을
피워보자면서
밤새껏 술을 마시고
줄담배를 피우던 그날들
文友들이여!

무슨 할 말들이 그렇게
많았기에
응어리 토해 낼
그 사연들을 지금은
모두들 뱉아 놓았는가.
어디에서

하얗게 서리가 깔리고
갈색 단풍잎
발길에 찢겨 구르던
어느 날 종로에서
우연히
행복한 만남을…

너, 가진 것!

너, 네가
가진 게 무엇이기에

그리도
촐랑, 촐랑거리느냐?

어디
내놓아 보거라

빈껍데기 가지고
한 세월을

그렇게
희롱하지 않았느냐?

북한산 오르며

山길 오르고 오르면
구름도 잡힐 듯

여보게, 여보시오
쉬엄쉬엄 가시구려

하~
세월도 빠르거늘
걸음마저 재촉인가

새소리 물소리에다
별도 따고 달도 따고

북한산 오르는 길
쉬엄쉬엄 살펴 가세.

그걸 보고 알아야지

산천이 짙푸를 적에
그걸 보고 알아야지
아침 해에 이슬 영롱할 때
그걸 보고 알아야지

비구름 마구 몰아칠 때
그걸 보고 알아야지
울긋불긋 단풍 들 적에
그걸 보고 알아야지

천지에 눈비 쏟아질 때
그걸 보고 알아야지
우수수 낙엽 떨어질 적에
그걸 보고 알아야지

송아지가 음~매 울 때
그걸 보고 알아야지
서산 뉘엿뉘엿 해질 적에
그걸 보고 알아야지, 억!

봄날의 환희

이른 아침 양화교(楊花橋)길
반개(半開)이던 개나리 꽃망울

한낮에 따스한 해님 좇아
열렬히 사랑을 했는가!

석양(夕陽)길엔 꽃망울이
샛노랗게 터져 만발(滿發)했네

심야(深夜)에 달님과는 또
무슨 사랑을 속삭일까?

어느 날

어젯밤 꿈에서이더니
꿈이 바로 생시이던가
생시에 임을 만나니
또 다른 꿈이던가
의심 한 번 혼돈이네.

꿈속에서 야릇함이
눈앞에 임이로다.
반가운 마음에 임을
살며시 껴안으니
인연 또한 묘연(杳然)하다.

할아버지가 되던 날

고귀한 생명의 탄생은
엄숙하고 그렇게 장엄해라
잉태하는 그 순간부터 오늘
강보(襁褓)에 싸이던 날까지
박동(搏動)소리 쓰다듬어
애지중지 사랑 노래 부르며
280일 만의 고고(呱呱)는
새벽 여명(黎明)을 밝히었네.

부모와 자식으로 인연 되기란
억만 겁의 인연이라고 하는데
또랑또랑 빛나는 까만 눈동자에
어느새 산고(産苦)는 다 잊었나
이마에 송글, 송글 구슬진 땀방울
애, 많이 썼구나, 장하고 대견해라

엄마 되기가 그렇게 힘들었구나,

아기도 엄마를 보기가 그렇게나!

모두 사랑한다. 아무렴 그렇고말고.

몸뚱이 붙어 있는 귀신일 때

몸뚱이 붙어 있는 귀신일 때, 알아차려야
북망산 황천길 돌아갈 때 어화 상사디야,
큰 소리 콧노래로 얼른 갈 수 있으리니
살아 있는 귀신들 그러하지 아니하네.

모든 걸 때가 되면 알게 되련만,
접어도 이젠 시원치 않을 판에
허욕이 눈을 가려 또 일을 벌리네
죄업이 무거우면 그 일도 쉽지 않은 것

대낮을 놓아두고 한밤중에 웬일인고
네 갈 길 아니 가고 대성통곡 어이하누
가리키는 손가락은 달을 보지 못하네
중천에 달은 말없이 세상을 밝혀주네

지는 저 해와 달 다시 뜬다고 같을쏜가
밤새껏 문풍지가 몸부림쳐 전하는 말
귓전에서 맴돌며 성화를 해대네
몸뚱이 붙어 있는 귀신일 때 잘 하라고!

세 알씩만 심거라

청명(淸明) 한식(寒食)이 다가오니
싸리 울타리에 산새 소리 높아진다.
볍씨와 가지 씨를 자배기에 띄우고
남정네들 못자리 준비가 급해지네.

농갓집 새아기 첫 봄맞이에
조신, 조신 촐랑, 촐랑거리며
시어머니 뒤를 쫓아
텃밭에 호미질로 콩을 심는다.

어머님, 몇 알씩 심을까요?
응, 세 알씩만 심거라.
어머님, 두알 씩은 안 되나요.
낭랑한 목소리가 귀엽기만 하다.

한 알은 하늘의 새가 먹고
또 한 알은 땅속의 벌레가 먹고
나머지 한 알은 사람이 먹는 거란다
총명한 새아기 세상 이치를 다 알겠네.

살림살이 시작은 나눠주는 거란다.

상춘賞春

눈부시게 만개(滿開)한 벚꽃
그대로 즐길 수만 있다면
유유자적 여유로워라
봄날은 또 그렇게 가는가

멍하니 바라보는 시선이 떫다
상춘, 아쉽다 야속타 한들
가는 봄 잡을 이 누구인가
그냥 함께 가는 것일 뿐

깊은 밤중에 옛 늙은이
다정(多情)을 병통(病痛)으로
잠을 이루지 못했다는데
그 병(病) 독(毒)한 줄을
나도야 알겠구나.

어찌하여 병통이 다정뿐이랴.
세상사 모두가 그러한 것을
꿈속에서 노닐던 봄날은 가고
어느 결 발치에는 꽃잎만 쌓였네.

설운 게 이별이 아닙니다

이별이 다 설운 게 아닙니다
부는 바람에 삭정이 떨어 울고
까만 밤에 홀로 숨소리 죽이며
싸늘한 등짝만 뒤척일 적에
저기 먼 세상 사람들 아득해라
그리운 이별은 설운 게 아닙니다

가슴이 싸늘한 이별이 싫습니다
설운 것이 다 이별이 아닙니다
가슴에 박힌 돌이 더 싫습니다
아~ 왜 이다지도 밤은 긴가
차라리 밝기 전에 아침을 향해
임 마중하려 새벽길 떠나리라.

여보게!

여보게!

왜, 그래?

아, 그 어디어디에 누가 떠났데.

어디로 갔데?

모르지...

떠난 건 맞아?

아, 안 보이잖아.

나는 잘 보이는가?

아, 그렇군!

목멱산(木覓山)에 해 오르니

木覓山 중턱에 해가 걸리니
천지에 광명이라
부지런한 백성들 발길이 급해라
한강엔 유람선 뜨고 해는 중천인데
옛 300년을 돌아보며
먼 천 년 앞을 바라보네.

개화산 자락에 안개 걷히니
새소리가 더욱 청아해라

장엄한 임이시여!
번갯불 치듯 하여지이다
국태민안 태평성세를 발원하네.

눈 덮인 산

눈 덮인 산, 흐르던 물소리
멎은 지 오래잖아 귓전에 맴돌고
둥지 잃은 산새들 옹기종기 모여 앉아
날갯짓하더니 이내 지쳤는가?

툭툭 여기저기 힘겨워 철퍼덕
쌓인 눈이 미끄러지듯 떨어지고
놀란 산새들은 푸드득
어디로 갔는지 자취 없어라

높은 산마루에 홀로 앉아 보니
온 세상을 통채로 깔고 앉은 듯….
쳐다보니 흰 구름 한 조각이 키득 비웃네

눈 덮인 산 구름 속에 바보처럼 내가 있었네

그날

고무신 신고 찰박찰박 그날도
신작로에는 장맛비가 내리고 있었지

물안개가 한바탕 구름과 춤을 추며
선녀의 옷자락을 시기하던 날

마당 전에는 빨강, 분홍에
하양 코스모스도 같이 춤을 추던 날

가운데 솥 부뚜막에 한 발 걸쳐 올려놓고
아궁이에 밀짚 태워 수제비를 띄우시던 어머니

오늘이 그날 초복(初伏)이네요
고무 물통 속에 수박 한 덩어리 그림 같고

소당질 기름내가 코 전에서 맴도는데
이제 고향은 마음속에만 있네요.

개화사(開華寺)

옛날, 그 시절이나 지금이나
다른 도리(道理)가 무엇이던가?
개화산 중 인적이 드문 때에도
佛, 法, 僧, 삼보(三寶)에 귀의하여
뜻을 세운 선지식(善知識)!

상구보리(上求菩提)
하화중생(下化衆生)
어제도 오늘도 끊임없이 이어지네
사람이 사는 곳에 절(寺)이 있어
첩첩산중에도 연기가 피어오르네.

축대 위에 대웅전, 요사채가 완연하고
목탁 소리, 염불 소리 귓전에서 맴돌아
성불하세, 성불, 우리 모두 성불하세!
한강에 돛단배 유유자적하니

백성들 또한 태평성세로세.

* 위 詩는 겸재 선생이 양천현아에 있을 때 그린 산수화 "개화사(開花寺)"를 보고 작시함. 그림에는 開花寺로 표기하였으나 현재는 開華寺의 명으로 실재하고 있으며, 약사사, 미타사 등 3개 사찰이 있음. 開火山---〉 開花山 (예전에 봉수대가 있었다고 하여 "불화 자"를 썼었을 것이란 추측도 있지만 별 의미가 없음.)

손녀의 주장자*

눈, 귀, 코, 입
이목구비가 또렷한
만 다섯 살 손녀를 보고만 있어도
시간 가는 줄 모른다.

발치(拔齒)를 하고 온 손녀에게
안쓰러운 할머니가
"많이 아팠지? 얼마나 아팠어?"하니까
이렇게 명답을 하더란다.

손녀가 할머니한테 오더니
"할머니!" 하고 크게 부르더니
어린 손으로 할머니 이마를
탁, 한번 치고는 말더라는 것이었다.

역시, 내 손녀가 똑똑하군!

할머니와 엄청난 선문답(禪問答)을 했군!

말로는 설명할 수도, 해서도 모르지....

옳지, 주장자는 그렇게 쓰는 거란다.

*주장자(柱杖子): 좌선할 때, 또는 설법할 때 쓰는 지팡이 같은 것

開華寺 예참(禮懺)

딱, 딱, 딱, 죽비(竹篦) 소리에 팔만사천 구멍이 열린다
선남선녀 법우(法友)들이 일심으로 지심귀명례
일 배, 일 배, 또 일 배...至心歸命禮,
108배, 600배토록
시방삼세 佛菩薩님 前,
참회의 예를 올리나니 두루 살펴 감응하여 주옵소서.

삼복더위에 소낙비 주룩주룩 잘도 쏟네,
山寺의 추녀에도!
이마의 낙숫물은 빗물이 아니로세.
팔만사천 업장의 씻김일세.
지심귀명례, 본사 서가모니불, 아일다보살, 관세음보살...

팔만사천 열린 구멍이 모두 보고 모두 듣네,
대원본존 지장보살 마하살.

향 내음 법계에 띄우고,
꽃향기 그윽하니
환희심 가득해라

내 안에 부처여, 관음이여, 지장이여,
오로지 지심귀명례뿐!
빈집의 살림살이 오롯이 이끌어
마음 바다 깊고 깊은 곳에
깨달음의 씨앗으로 가득하니,
쓰고 또 쓸 뿐, 줄지를 아니하네.

대장부의 할 일은 이것뿐이로세.

청솔!

청솔(靑松)을 꺾어
꽃꽂이를 했으니,
준령한 산과 들이
옥내에 향기를 뿌렸네.

가는 침엽이라도
낙엽 않을 리 없건마는
고집스레 안으로
옮긴 뜻은 무엇인가.

눈의 호화를 누리고자
뼈를 깎았으니
쇠죽가마 아궁이가
천생연분이로다.

이 눔 아

발행 2018년 2월 1일

지은이 인봉 조남선

펴낸곳 도서출판 도반
펴낸이 이상미
편집 김광호, 이상미
대표전화 031-465-1285
이메일 dobanbooks@naver.com
홈페이지 http://dobanbooks.co.kr
주소 경기도 안양시 만안구 안양로 332번길 32

*이 책은 **서울강서문화원**의 후원으로 제작되었습니다.